Finde deinen Traum

Andrea Schwarz

ANDREA SCHWARZ

Finde deinen Traum

Weisheiten des kleinen Drachen
Hab-mich-lieb

Mit Illustrationen von
Thomas Plaßmann

FREIBURG · BASEL · WIEN

Einladung

Darf ich vorstellen? Dieses Buch handelt von

Hab-mich-lieb, einer kleine Drachendame, die
ihrer Sehnsucht traut und den Aufbruch wagt,

Moya, dem Zauberer, der viel vom Leben versteht,

Ferdinand, einem unwiderstehlicher Kater,
der schwarz-weiß gefleckt und anders ist,

Taya und Urs, einem Bärenpaar,

Eiki, der schlauen Elster, und *Bara,* der Eule –

und all dem, was man so alles erlebt und lernt, wenn
man auf der Suche nach sich selbst, der Liebe und den
Träumen ist …

Inhalt

Der kleine Drache 8

Der Traum 10

Der Entschluss 13

Was ist Leben? 15

Die Antwort der Eule 16

Wo finde ich, was ich suche? 19

Leben ist Unterwegssein 21

Siehst du die Sonnenblume? 23

Das Geschenk des Zauberers 26

Tanze deine Melodie 29

Keine Angst 30

Zusammen unterwegs 33

Ein Geheimnis zum Entdecken 35

Sag mal … 36

Wenn zwei sich mögen … 39

Schön, dass du da bist 40

Warum war sie nur so unsicher? 42

Ich würde dich so gern verstehen 44

Die Antwort der Elster 46

Du kannst mir nicht helfen 48

Ein großes Durcheinander 50

Drachenkatzen und Katerdrachen 52

Auch Kater haben Fehler 55

So wie du bist 56

Liebe verändert sich 59

Du bringst mir bei zu träumen 60

Der kleine Drache

Es war einmal ein kleiner Drache. Sie lebte ganz alleine in einer dunklen Höhle mitten im hohen Gebirge. Sie mühte sich rechtschaffen, ein richtiger Drache zu sein; und so schaute sie regelmäßig aus ihrer Höhle heraus, machte «Prrruuuuuuu» und lief gelegentlich ein paar Schritte um die Höhle, um zu sehen, ob auch alles in Ordnung war. Sie tat ihre Pflicht, sicher – aber war das ein Leben?

Ja, manchmal war sie sehr unglücklich, der kleine Drache, und unzufrieden mit ihrem Leben – und sie spürte es in ihrem Herzen. Und dies war genau das, was sie von allen anderen Drachen unterschied.

Der Traum

Eines Tages träumte sie einen Traum: Es war ein schöner, warmer Frühlingstag, und sie lag auf einer großen sonnigen Wiese, glücklich und zufrieden, ein Gänseblümchen in der Schnauze. Um sie herum aber tummelten sich viele, viele Tiere, die spielten und sich ihres Lebens freuten. Und – oh, war das ein schöner Traum! – sie spielten auch mit ihr. Sie zogen sie an ihrem Drachenschwanz, und sie musste raten, ob es das kleine Wildschaf oder der lustige Biber gewesen war; ein kleines Eichhörnchen bewarf sie mit Eicheln und machte «buh!», um sie, spaßeshalber natürlich nur, zu erschrecken, und der kleine Drache machte «buh-buh!» zurück und tat so, als ob sie furchtbar erschrocken sei. Auf ihrem Rücken hockte eine alte Eule und schlief, nur manchmal wackelte sie ein bisschen, wenn der kleine Drache über irgendetwas lachen musste und ihr Körper bebte. Dann öffnete die Eule verschlafen ein Auge und schaute wohlwollend auf das junge Volk um sie herum, um dann wieder weiterzuschlafen. Die drei kleinen Waschbären hatten einen großen Eimer mit Haselnussöl herangeschleppt und rieben damit den Schwanz des Drachen ein, so dass er schön glitschig wurde – und rutschten nun mit lautem Gelächter den Schwanz hinunter.

Das Allerallerschönste in ihrem Traum jedoch war eine kleine schwarz-weiß gefleckte Katze mit Dreiecksohren und einer rosa Schnauze mit genau neun Schnurrbarthaaren, vier links, fünf rechts. Sie lag gemütlich eingekringelt zwischen den Vorderpfoten des kleinen Drachen und schnurrte vor sich hin – und dem Drachen wurde es ganz warm ums Herz.

Doch, das war wirklich ein schöner Traum!

Der Entschluss

Der Sommer zog ins Land. Der kleine Drache wartete darauf, dass etwas geschah, aber es geschah nichts. Und ihr wurde allmählich klar, dass sich nichts in ihrem Leben ändern würde, wenn sie nicht irgendwas tun würde.

Ob es diese Wiese aus ihrem Traum tatsächlich irgendwo gab? Und ob dort Tiere wären, die mit ihr spielten, und eine Katze, die so schön schnurren konnte? Wie aber kam man zu dieser Wiese? Das wusste sie auch nicht, jedenfalls – hier in ihrer Höhle war sie ganz bestimmt nicht. Also – weggehen, die Wiese suchen? Warum nicht? Und entschlossen brach sie auf …

Was ist Leben?

«Entschuldige», rief der kleine Drache dem Vogel zu, der auf dem Baum saß und las.

«Was willst du denn? Ich lese, das siehst du doch!»

«Du verstehst doch bestimmt einiges vom Leben, wenn du so viel liest. Sag mir bitte – wie kann ich glücklich werden?»

«Das Leben steht in Büchern beschrieben. Lies … und lass mich jetzt in Ruhe. Ich muss noch dreiundsechzig Bücher lesen.»

Das Leben steht in Büchern beschrieben? dachte der kleine Drache – das konnte ja schon so sein … aber eigentlich wollte sie nicht über das Leben lesen, sondern selber etwas erleben.

Vielleicht meinte dieser gelehrte Vogel mit «Leben» doch ein wenig was anderes als sie.

Die Antwort der Eule

Auf einem freien Fleck auf dem Waldboden liefen wohl an die dreißig Mäuse wie irrsinnig im Kreis herum, lachten laut, alberten, jagten sich und ließen sich fangen. Eine helle Mäusestimme quiekste:

«Und was spielen wir jetzt?»

«Ach, ich weiß was», rief eine Maus, «wir spielen: ‹Wer hat Angst vorm bösen Drachen?› – kennt ihr das?»

Ein zustimmendes Gejohle, und die Mäuse begannen erneut, wie wild umherzujagen.

Der kleine Drache glaubte, nicht recht gehört zu haben: Wer hat Angst vorm bösen Drachen? Es schien ihr wenig sinnvoll, sich zum Mitspielen anzubieten – die Rollen waren eindeutig verteilt. Und doch, sie musste zugeben, sie war verletzt. Wie konnte man nur so was spielen? Egal – hier jedenfalls wollte sie nicht mitspielen, alles, was recht war.

«Du – warum haben die Tiere Angst vor mir?», fragte der kleine Drache die Eule, vielleicht konnte sie es ihr sagen.

«Du bist ein Drache», meinte sie.

«Ja und?»

«Vor Drachen hat man eben Angst – sie sind so …»

«Aber ich doch nicht!!!», rief der kleine Drache.

«Ja, wissen das die anderen denn?», gab Bara weise zurück. «Sie verstehen dich ja nicht einmal. Wenn du fauchst und schnaubst, meinen sie, du willst sie erschrecken, so wie die anderen Drachen es eben auch tun. Ihr sprecht verschiedene Sprachen.»

Wo finde ich, was ich suche?

Der kleine Drache erzählte Moya, dem Zauberer, alles, was sie bisher erlebt hatte. Moya fragte leise: «Und warum hast du gesagt, du wüsstest nicht, ob du ein Drache sein willst?»

«Weil», der kleine Drache schniefte auf und blies versehentlich eine Dampfwolke vor sich hin, «weil ich nicht so sein mag, wie die anderen Drachen sind – ich mag nicht schrecklich sein und Angst machen, ich mag nicht alleine in meiner Höhle leben – ich will zusammen mit anderen singen und tanzen, spielen und auch traurig sein – und ich mag kein Drache mehr sein, weil Drachen nicht geliebt werden», fügte sie ganz leise hinzu.

«Hm», sagte Moya nachdenklich, «du bist tapfer. Um die Tatsache, dass du ein Drache bist, wirst du allerdings nicht umhinkönnen. Ich finde es jedenfalls ganz prima, dass du den Mut gehabt hast, aufzubrechen und deinen Traum ernst zu nehmen. Das, was du dir vorgenommen hast, das ist schwierig, aber auch unsagbar schön und manchmal auch ganz einfach. Es heißt nicht, dass du dauernd glücklich sein wirst, ganz im Gegenteil. Leben bringt auch sehr viel Leid und Tränen mit sich, du kannst in Gefahren kommen, die du dir nie vorgestellt hättest, du kannst Verwundungen davontragen. All das kann dir auf deinem Weg begegnen, und du hast es ja auch erlebt. Aber – Leben heißt auch, zu ahnen, was Freiheit ist, Unabhängigkeit, Glück, Friede – und all das in einer Dichte und Fülle, wie andere es nie spüren können.»

Der kleine Drache hatte aufmerksam zugehört – und jetzt fragte sie: «Aber – wo find ich denn das, was ich suche?»

«Überall», sagte Moya leise schmunzelnd.

Leben ist Unterwegssein

Moya sagte: «Leben – das ist wie ein Feuer … du kannst dir die Pfoten daran verbrennen, aber wenn du das Feuer in deinem Herzen hast, dann wirst du glücklich sein, auch wenn du traurig bist …»

Der kleine Drache kratzte sich am Kopf, traute sich aber schließlich doch, ihre Frage zu stellen: «Wie macht man das denn nun – leben?»

Moya sah sie liebevoll an: «Du tust es schon längst …»

«Wie bitte?», der kleine Drache glaubte, nicht recht gehört zu haben …

«Ja», wiederholte Moya, »ich mein schon, was ich gesagt habe … Du hast dich getraut, der Sehnsucht und den Träumen einen Platz in deinem Herzen zu geben, du hast deine Einsamkeit gespürt, du hast dir eingestanden, dass du Angst hast. Du hast anderen vertraut und konntest staunen. Du hast die scheinbare Sicherheit aufgegeben, du hast dich verwunden lassen und hast geweint. Du hast tiefer gehen und höher fliegen wollen, das ist doch Leben – auch wenn du dabei deinem Ziel vielleicht noch nicht näher gekommen bist. Aber möglicherweise ist das Unterwegs-Sein wichtiger als das Angekommen-Sein …»

Siehst du die Sonnenblume?

Ganz nebenbei fragte Moya den kleinen Drachen: «Magst du dich eigentlich?»

«Warum?»

«Ganz einfach – dir bleibt in diesem Punkt gar nicht viel anderes übrig. Dir selbst vorzumachen, dass du kein Drache seist, bringt dich nicht weiter.»

«Aber ich will doch gar nicht so wie die anderen Drachen sein!»

«Das brauchst du ja auch nicht», beruhigte sie Moya. «Es gibt einen Unterschied zwischen dem, wie andere meinen, dass du als Drache zu sein hast – und dem, wie du als Drache sein willst. Aber du kannst nicht deine Haut ausziehen und plötzlich Schmetterling oder Eichhörnchen sein.»

«Und», sagte Moya zum kleinen Drachen, «schlag es dir aus dem Kopf, von allen geliebt und gemocht zu werden.»

«Warum denn?»

«Kannst du dir einen Drachen vorstellen, die sowohl von deinem Drachenchef als auch von deiner Katze geliebt wird?»

«Nein», sagte der kleine Drache entschieden, «das geht nicht!»

«Siehst du die Sonnenblume dort drüben? Sie blüht herrlich, nicht wahr? Aber sie blüht für niemanden, nicht für dich, nicht für mich. Sie selbst will Sonnenblume sein und gibt dafür das Beste, was sie kann. Wollte sie Rose oder Gänseblümchen sein, weil andere es vielleicht so lieber sähen, ginge das bestimmt schief. So aber dreht sie sich nach niemandem außer der Sonne – und das macht sie schön und stark und groß.»

Das Geschenk des Zauberers

«Zu deinem Abschied möchte ich dir gerne ein Geschenk machen – ich möchte dir einen Namen geben. Er soll dich daran erinnern, dass du einzig auf der Welt bist – es gibt viele Drachen, aber nur einmal so etwas wie dich … Ich würde mich freuen, wenn du den Namen annehmen würdest …»

Der kleine Drache wackelte vor Überraschung mit den Ohren und wartete gespannt darauf, dass Moya weitersprach.

«Ich möchte dich ‹Hab-mich-lieb› nennen», sagte Moya ernst. «Und ich möchte dir gerne sagen, was ich mit diesem Namen verbinde – nimm es als mein Geschenk mit auf deinen Weg. Du warst ein Drache, die zu anderen sagen wollte: ‹Habt mich doch lieb›, um wiedergeliebt zu werden. Vergiss nicht, woher du kommst, das ist wichtig.

Dein Traum erzählt von der Zukunft – die Katze, der du vielleicht begegnen wirst, und die zu dir sagt: ‹Ich hab dich lieb›, dein Traum von Liebe, Verstehen, Geborgenheit. Ich wünsch dir, dass sich dein Traum erfüllt – wenn er sich erfüllen soll. Verrate deine Träume nicht …

Und nicht zuletzt – ‹Ich hab mich lieb› … vielleicht Leitspruch für deinen zukünftigen Weg. Werde die, die du sein willst … nicht die, wie dich andere gerne hätten. Hab dich selbst ein wenig lieb – dann werden dich auch die anderen mögen …»

Moya sah den Drachen liebevoll an und fügte noch hinzu: «Und wenn du mal einen Freund brauchst – ich bin für dich da. Aber vergiss nicht, ich kann deinen Weg nicht für dich gehen …»

Tanze deine Melodie

Der kleine Drache erwachte, als die Sonne sich schon gen Abend neigte – und, mit einem Schlag hellwach, spitzte sie die Ohren. Da war doch was ... ja, eine Melodie lag in der Luft ... eine schöne, sanfte Melodie, ein wenig melancholisch und doch voll Lebensfreude ... Und der kleine Drache tanzte ... sie wiegte sich zärtlich hin und her, streichelte die Luft, sie tanzte.

Diese Melodie im Herzen setzte sie zierlich die Pfoten auf den Boden, ganz behutsam, als wolle sie die Melodie nicht verjagen – aber je mehr sie selbst Melodie wurde, umso lebendiger wurden ihre Bewegungen, umso wilder ihr Stampfen – um wieder zu einem sanften Wiegen zu werden.

«Ja, das ist es ...» – dieses Einssein mit der Melodie, das war es, wonach sie sich im Innersten ihres Herzens gesehnt hatte ...

Keine Angst

Und als sie sich aus ihrer Verzauberung löste, saß da auf einmal eine kleine schwarz-weiße Katze – und blieb sitzen, als sie näher kam.

«Hast du keine Angst vor mir?», fragte Hab-mich-lieb die Katze.

»Nö», sagte die Katze, «warum sollte ich denn?»

«Aber bisher haben alle vor mir Angst gehabt, weil ich ein Drache bin …»

«Mag ja sein», und dem kleinen Drachen war es, als huschte ein Lächeln über ihr Gesicht, »aber Drachen sind schließlich auch nur Tiere – und vielleicht haben dich die anderen nie tanzen gesehen?«

Der kleine Drache schaute ziemlich überrascht – woher wusste die Katze das?

«Ich weiß es nicht, aber es liegt als Erklärung doch ziemlich nahe, findest du nicht?»

Zusammen unterwegs

«Sag, hast du Lust, ein Stück Weg miteinander zu gehen?», fragte die Katze. «Ja», sagte Hab-mich-lieb nachdenklich, «ja, ich mag mit dir gehen.» Und es war gut, mit dem Kater unterwegs zu sein. Ferdinand kannte sich in der Gegend gut aus und fand den Weg. Sie konnte «Schau mal, der wunderschöne Ahorn dort!» sagen und brauchte es nicht einfach nur zu denken. Sogar miteinander zu schweigen war schön. Als der kleine Drache müde wurde, sagte Ferdinand aufmunternd: «Komm, die Kurve da gehen wir noch, und dann schauen wir, was dahinter ist!» Wirklich, sie schaffte es, und dann war der Weg so herrlich, dass sie ihre Müdigkeit ganz vergaß. «Komisch», sagte der kleine Drache auf einmal, «ich habe nicht gewusst, wie schön es ist, mit anderen unterwegs zu sein!»

Ein Geheimnis zum Entdecken

«Taya, du bist doch jetzt schon so lange mit Urs zusammen – was ist das, Liebe?»

«Früher habe ich gedacht, es sei Liebe, wenn man den anderen gern hat, ganz in ihm aufgeht, immer füreinander da ist», Taya war ernst geworden.

«Und heute?»

«Heute denk ich manchmal, Liebe ist das ‹trotzdem› …»

«Heißt Liebe denn nicht ‹weil› oder ‹wegen›? Wieso sagst du ‹trotzdem›?»

Taya sah den kleinen Drachen liebevoll an: «Vielleicht ist gerade das ein Geheimnis der Liebe – und das musst du selbst entdecken. Das kann ich dir nicht abnehmen und auch nicht erklären.»

Sag mal ...

«Du, Ferdinand?», begann Hab-mich-lieb zögernd.

«Hm?»

«Sag mal, was ist das, Liebe?»

Ferdinand sah sie erstaunt an: «Wie kommst du denn darauf?»

«Och», der kleine Drache war verlegen, «ich denk halt drüber nach ... – weil ... », jetzt begann sie doch wirklich zu stottern, «äh ja, – Taya hat mich gefragt, ob ich dich gern habe ...»

«Und?», fragte Ferdinand neugierig.

«Ich hab gesagt, dass ich dich mag und gerne mit dir unterwegs bin!» Hab-mich-lieb war verlegen und ärgerlich zugleich. Es war gar nicht einfach, das dem Kater so direkt zu sagen.

«Und das hat was mit Liebe zu tun?», fragte Ferdinand interessiert.

«Ja, das weiß ich eben auch nicht … », sagte Hab-mich-lieb verwirrt.

Ferdinand wurde nachdenklich. «Ich glaube, Liebe ist ein Traum, der mit der Wirklichkeit gar nichts zu tun hat. Vielleicht heißt Liebe ganz einfach, den anderen so zu sehen, wie er sein will …»

Wenn zwei sich mögen ...

Hab-mich-lieb ging einige Schritte in das dichte Gras hinein, streichelte einen Löwenzahn, pflückte eine Butterblume und steckte sie sich hinters Ohr, bückte sich und sah dem Tanz eines Schmetterlings zu. Schließlich legte sie sich ins Gras, verschränkte die Pfoten hinter dem Kopf, kaute auf einem Grashalm und sah in die endlosen Weiten des Himmels hinein.

Sie mochte diesen Kater, und ein klein wenig, da war sie sich fast sicher, mochte Ferdinand sie wohl auch – hätte er sie sonst mit zu seinen Freunden genommen? Und wenn zwei sich so mochten, dann würde man doch wohl einen Weg finden, wie man gut miteinander leben konnte.

Schön, dass du da bist

Die beiden Bärenkinder stürmten voraus, Ferdinand und der kleine Drache schlenderten langsam hinterher.

Hab-mich-lieb schaute Ferdinand an, fasste sich ein Herz und sagte: «Schön, dass du da bist!»

Ihre Pfote stahl sich zu ihm hinüber und nahm seine Pfote ganz behutsam in ihre Pfote. Der Kater drückte sie ganz leicht – und als ob sie es vereinbart hätten, ließen beide sofort wieder los.

Warum war sie nur so unsicher?

Am nächsten Morgen brachen sie wieder auf. Besonders gesprächig war Ferdinand an dem Morgen nicht. Hab-mich-lieb kam ins Grübeln: Hatte sie etwas Falsches gesagt? Etwas falsch gemacht?

«Du, Ferdinand?», ihre Stimme klang zögernd.

«Ja?»

«Bereust du es eigentlich, dass du mich mitgenommen hast?»

Ferdinand fiel aus allen Wolken: «Wie kommst du denn darauf?», fragte er erstaunt.

«Och, nur so …», murmelte Hab-mich-lieb verlegen und rot bis über beide Ohren. Sie war doch wirklich dumm, schalt sie sich. Gestern Nachmittag noch hatte der Kater ihr die Pfote gedrückt – und nur, weil er jetzt mal keine Lust zum Reden hatte, dachte sie gleich … warum war sie nur so unsicher?

Ich würde dich so gern verstehen

Spät in der Nacht wachte Hab-mich-lieb auf: «Ferdinand?»

«Ja?»

«Schläfst du nicht?» Der Drache hatte sich jetzt ein wenig aufgesetzt.

«Katzen schlafen nachts selten, und Kater sowieso nicht …», sagte Ferdinand.

Hab-mich-lieb war erstaunt – Kater schliefen nachts nicht? Komisch, das war ihr noch nie aufgefallen. Na ja – sie schlief ja schließlich, da konnte sie es kaum wissen.

«Ja, aber wann schläfst du dann?», fragte sie neugierig, inzwischen hellwach.

«Och», sagte Ferdinand, «da mal eine Stunde und dort. Das kommt schon ganz gut hin.»

«Und nachts – was machst du da?»

«Unterwegs sein, ein bisschen jagen, den Mond anschauen, mich mit Freunden unterhalten, nachdenken … was man halt nachts so tut …»

Manchmal war dieser Kater ganz anders als sie – ob sie ihn jemals begreifen würde?

«Ferdinand?», die Stimme des kleinen Drachen zitterte ein wenig.

«Hm?»

«Ich würde dich so gerne verstehen …»

Die Stimme des Katers klang warm: «Den anderen zu verstehen, das ist ganz schwer, Hab-mich-lieb. Oft versteht man sich ja selbst nicht – und vielleicht will man sogar deshalb eher den anderen verstehen. Selbst wenn es einmal gelingt, sich selbst oder den anderen zu verstehen – in dem Moment, wo man meint, verstanden zu haben, ist es schon wieder vorbei.»

Die Antwort der Elster

«Bist du der kleine Drache?», fragte Eiki, die Elster, von dem Baum herab.

«Ja», sagte Hab-mich-lieb überrascht, «woher weißt du das?»

«Och, Elstern wissen so manches», antwortete Eiki und plusterte sich ein wenig auf. «Du bist ein bisschen verliebt, wie? Der Kater?»

Hab-mich-lieb nickte: «Ja, ich glaub schon – und dabei weiß ich nicht mal, was Liebe ist!»

Die Elster seufzte: «Wenn ich dir das sagen könnte … Liebe ist wie ein Vogel – wenn du sie einsperrst und festhalten willst, stirbt sie. Wenn du aber gut zu ihr bist, ihr ein wenig Heimat bietest und zugleich die Freiheit lässt, wird sie immer wieder zu dir zurückkehren.»

«Eine Umarmung kann manchmal schon der Versuch sein, den anderen festzuhalten. Streck deine Pfoten aus, als Einladung – aber halt den anderen nicht fest! Und lass auch dich nicht festhalten!», sagte Eiki.

Hab-mich-lieb schaute die Elster verwirrt an.

«Liebe – das ist schwer und einfach zugleich», sagte Eiki schließlich. «Wenn Liebe nur einfach und schön oder nur schwer und problematisch ist, dann musst du aufpassen. Solange Liebe aber schön und problematisch, einfach und schwer ist, so lange ist Spannung, Energie und Kraft da. Lebendigkeit bedeutet, dass es beides gibt. Leben ist nicht nur schön. Und Lieben auch nicht. Trotzdem, vor dem Leben und der Liebe kann man nicht davonlaufen.»

Du kannst mir nicht helfen

Hab-mich-lieb und Ferdinand saßen am Morgen vor der Hütte zusammen.

«Ich habe nachgedacht», der kleine Drache kam ins Stocken. «Ich mag dich sehr gerne – aber manchmal habe ich das Gefühl, dass ich etwas falsch mache.»

«Falsch machen?», fragte Ferdinand verblüfft zurück, «was kann man denn da falsch machen?»

«Das weiß ich eben nicht! Aber irgendetwas ist nicht richtig – würden wir uns sonst so oft nicht verstehen oder gar miteinander streiten?», der kleine Drache war ernst, «und deshalb will ich zu Moya gehen».

«Heißt das, dass du mit mir nicht darüber reden willst?», fragte Ferdinand zurück.

«Doch, natürlich», beruhigte ihn Hab-mich-lieb, «aber in mir ist ein solches Durcheinander – ich glaube, da kannst du mir nicht helfen. Ich möchte verstehen, was Liebe ist und wie ich sie leben kann.»

Und dann packte Hab-mich-lieb ihre Sachen zusammen. Es war ein Abschied – und er tat weh.

Ein großes Durcheinander

«Moya, ich muss dich so viel fragen! Und ich hab so viel zu erzählen – und ich bin unglücklich!»

«So unglücklich siehst du aber gar nicht aus!», meinte Moya.

«Ja, denn eigentlich bin ich auch ganz glücklich – das ist alles ein furchtbares Durcheinander.» Jetzt sah Hab-mich-lieb wirklich ratlos aus.

«Na, dann werden wir mal schauen, ob wir ein wenig Ordnung hineinbringen können», sagte Moya ruhig, «aber manchmal ist ein bisschen Durcheinander gar nicht schlecht …»

Drachenkatzen und Katerdrachen

«Ich hab gedacht, wenn man den anderen mag, dann ist man immer beieinander und macht alles zusammen …», sagte Hab-mich-lieb.

Moya seufzte: «Ja, das meinen viele – und dann gibt es auf einmal keine Drachen und Katzen mehr, sondern nur noch komische Drachenkatzen und Katerdrachen. Meinst du, der Kater will, dass du ihm möglichst ähnlich wirst? Ich glaube, es hat ihm gefallen, dass du dich auf die Melodie eingelassen und getanzt hast – und was ist jetzt mit deiner Melodie?»

Hab-mich-lieb schwieg betroffen. Moya hatte recht – vor lauter Kater hatte sie die Melodie ganz vergessen. Ratlos fragte sie: «Ja, aber was ist dann Liebe?»

«Du sollst keine Katze werden – und du sollst auch nicht so werden, wie du meinst, dass der Kater dich gerne hätte.

«Du bist ein Drache und sollst du selbst sein und werden. Aber gerade dabei kann dir das Anders-Sein des Katers helfen.»

«Ja, aber», dachte der kleine Drache laut nach, «das gilt doch umgekehrt auch, oder? Also – der Kater könnte etwas von mir lernen?»

«Richtig», bestätige Moya, «aber dazu gehört, dass du du selbst bist – bisher hast du ja eher versucht, eine nette Katze zu sein. Was soll er da von dir lernen?»

«Es könnte übrigens sein», fügte Moya noch hinzu, «dass Kater vielleicht gerade das lernen müssen – dass sie von anderen etwas lernen können!»

Auch Kater haben Fehler

«Erwartest du eigentlich auch was vom Kater?», fragte die Elster den kleinen Drachen.

«Erwarten?», fragte Hab-mich-lieb zurück.

«Ja, erwarten», wiederholte Eiki, «oder weißt du vielleicht gar nicht, was das ist? Auch Kater haben Fehler …»

Der kleine Drache überlegte. So unrecht hatte Eiki nicht. Sie hatte gegeben – und der Kater hatte genommen. Zum ersten Mal wurde sie richtig wütend auf Ferdinand – und doch war ihr zugleich ganz warm und zärtlich zumute.

Plötzlich verstand sie Moya und Eiki, genau das war es, was die beiden mit «Ja und Nein», «einfach und schwer» meinten: Den Kater zu mögen und zugleich zu wissen, dass er auch nicht vollkommen war, wütend auf den Kater zu sein und zugleich Bauchkribbeln zu haben.

So wie du bist

Ferdinand war dem kleinen Drachen zu Moya gefolgt und hatte ihr Gespräch gehört: «Ich mag dich, so wie du bist, Hab-mich-lieb – und ich möchte, dass du so leben und sein kannst, wie du es willst. Du brauchst nichts, aber auch gar nichts mir zuliebe machen.»

«Ja, aber du hast mir nie gesagt, dass du mich magst, so wie ich bin, und da habe ich mir immer mehr Mühe gegeben, dir zu gefallen. Und je mehr Mühe ich mir gegeben habe, umso schwieriger wurde es.»

Der Kater nickte nachdenklich. «Ich habe dich das erste Mal gesehen, als du die Melodie hörtest und getanzt hast. Du warst ein kleiner Drache, die sich auf den Weg gemacht hat, um ihre Träume zu suchen. Seitdem wir miteinander unterwegs sind, hast du immer das gemacht, was ich wollte – manchmal wäre ich froh gewesen, wenn du entschieden hättest.»

«Warum hast du dann nie etwas gesagt?», wehrte sich der kleine Drache. Ferdinand nickte: «Das war mein Fehler. Es ist auch ganz schön, wenn du so zu mir schaust, und wenn ich mich um manches nicht zu kümmern brauche.»

«So hilfst du mir aber nicht!», der kleine Drache machte ihrem Herzen Luft.

«Vielleicht kann ich es nicht sagen …», der Kater sah Hab-mich-lieb hilflos an, «vielleicht habe ich Angst, dir wehzutun …»

Liebe verändert sich

«Liebe ist nichts, was man für immer hat, denn Liebe ist etwas Lebendiges, sie kann wachsen und stärker werden, sie kann aber auch sterben», sagte Moya. «Und weil Liebe eben etwas so Lebendiges ist, mag sie bei jedem anders sein – und auch verschieden sein, je nachdem, wen ich liebe.»

«Ja, kann man denn überhaupt mehreres lieben?», fragte Hab-mich-lieb verwirrt.

Der Zauberer nickte: «Ich denk schon. Schau, du magst Ferdinand und mich vielleicht ein klein wenig, und dich selbst wirst du ja hoffentlich auch mögen – das sind schon drei! Unterschiedliches unterschiedlich lieben – und dabei spüren, wie Liebe lebt, sich verändert, Geschichte hat, Zukunft will, Gegenwart lebt.»

«Deshalb kann es also sein», fragte Ferdinand zurück, «dass der kleine Drache mich anders liebt als ich sie mag?»

Du bringst mir bei zu träumen

Der kleine Drache nahm Ferdinand rasch zur Seite: «Hör mal, falls wir noch mal an den See zurückkehren sollten, und, das heißt, ich weiß ja noch gar nicht, ob wir überhaupt …»

«Ja, was dann?», half der Kater nach. Der kleine Drache zögerte: «Sag – würdest du mir dann Schwimmen beibringen?»

Ferdinand schaute sie an: «Einverstanden – unter einer Bedingung!»

«Ja?» Der kleine Drache sah den Kater bang an.

«Du bringst mir bei, in einer Wiese zu liegen und zu träumen!», sagte der Kater.

Die Weisheiten des kleinen Drachen Hab-mich-lieb wurden zusammengestellt aus den Bänden «Der kleine Drache Hab-mich-lieb» und «Kater sind eben so. Neues vom kleinen Drachen Hab-mich-lieb»

© Verlag Herder GmbH, Freiburg im Breisgau 2012
Alle Rechte vorbehalten
www.herder.de

Konzeption:
Weiß-Freiburg GmbH, Graphik & Buchgestaltung
Gesamtgestaltung:
post scriptum, Emmendingen/Hinterzarten
Umschlagmotiv und alle Illustrationen im Innenteil:
© Thomas Plaßmann
Herstellung:
fgb · freiburger graphische betriebe
www.fgb.de

Gedruckt auf umweltfreundlichem,
chlorfrei gebleichtem Papier
Printed in Germany

ISBN 978-3-451-30581-8